ellermann

In dieser Reihe sind bisher erschienen:
Fantastische Vorlesegeschichten – Hexen, Drachen, Zauberer
Wilde Vorlesegeschichten – Piraten, Ritter, Räuberbanden
Zauberhafte Vorlesegeschichten – Prinzessinnen, Feen, Meerjungfrauen

ellermann im Dressler Verlag GmbH · Hamburg
© Dressler Verlag GmbH, Hamburg 2015
Alle Rechte vorbehalten
Einband und farbige Illustrationen von Joëlle Tourlonias
Reproduktion: igoma GmbH, Hamburg
Druck und Bindung: Firmengruppe APPL, aprinta druck, Wemding
Printed 2015
ISBN 978-3-7707-2922-7

www.ellermann.de

Maren von Klitzing

Kuschelige Vorlesegeschichten

Träume, Sterne, Regentage

Bilder von Joëlle Tourlonias

ellermann im Dressler Verlag GmbH · Hamburg

Die Vorlese-Mitmach-Reihe

Vorlesen heißt in kleinen Geschichten die Welt entdecken. Vorlesen heißt Nähe und Geborgenheit genießen – und ganz nebenbei die kindliche Sprachentwicklung fördern. Kinder wollen erzählen, entdecken und aktiv werden. Deshalb finden Sie in diesem Buch viele lustige Ideen zum Mitmachen.

Erzählen! – Rätselfragen und Gesprächsanlässe

Die Fragen mit der Sprechblase als Symbol laden zum Erzählen ein. Bei der Beantwortung geht es nie um ein Richtig oder Falsch, sondern darum, mit den Kindern ins Gespräch zu kommen und ihren eigenen Gedanken Raum zu geben.

Entdecken! – Suchbilder und mehr

Die Fragen und Ideen mit der Lupe als Symbol laden zum Suchen und Entdecken ein. Bei manchen Fragen geht es darum, das Gehörte in den Bildern wiederzuentdecken. Andere Fragen erzählen die Geschichten weiter und beflügeln so die Fantasie.

Aktiv werden! – Kleine Bewegungsspiele und Aktionsideen

Die Ideen mit der Hand als Symbol regen zum Aktivwerden an: zum Spielen, Bewegen, Lachen und Sachenmachen. Kinder werden so Teil der Geschichte.

Und für alle, die noch mehr wollen, gibt es am Ende jeder Geschichte eine besondere Aktionsidee. Sie erkennen sie an diesem Schild:

Mal ist diese Idee **ein Rezept**, mal **eine Bastelidee** oder **ein Spiel**. So können Sie gemeinsam noch länger in der Geschichte bleiben.

Jedes Kind ist anders …

… **und kann unterschiedlich lange zuhören.** Deshalb sind die Geschichten in diesem Buch unterschiedlich lang. Die Fragen und Ideen zum Mitmachen eignen sich gut dazu, die Kinder wieder in die Geschichte zu holen.

… **und hat seinen eigenen Kopf.** Wählen Sie deshalb die Fragen und Mitmach-Ideen je nach Zuhörer aus. An den unterschiedlichen Symbolen erkennen Sie schnell, um was für eine Art von Frage es sich handelt.

… **und jeder Vorleser auch.** Entscheiden Sie selbst, ob Sie die Fragen vorlesen oder in eigene Worte fassen.

… **und jede Vorlesesituation auch.** Sie haben viel oder wenig Zeit, sitzen auf dem Sofa oder liegen schon im Bett. Deshalb bleibt es ganz Ihnen überlassen, welche Fragen Sie stellen möchten. Die Geschichten können auch ganz ohne Fragen vorgelesen werden.

Inhaltsverzeichnis

Der Einschlafzauber   9

Ein Sturm wie in Grönland   14

Ein Ritterturnier mit
Froschkonzert   23

Kuscheln mit Kater Muck   28

Karlotta und das Hexenfrühstück   36

42 Paul will einfach nur schlafen

47 Nachts sind alle Füchse grau

56 Der Flaschengeist auf dem Fußballplatz

62 Alina Sternenkind

67 Jan mag seine Kuscheldecke

Der Einschlafzauber

Gemma hat nur einen Wunsch: Sie will eine richtige Hexe werden. Dafür übt sie Tag und Nacht. Denn für die Hexenprüfung muss sie das ganze Zauberbuch auswendig können. Gemma hat schon den Wetterzauber gelernt, den Glückszauber und den Verwandlungszauber. Nun ist der Einschlafzauber an der Reihe. Gemma baut sich vor ihren Kochtöpfen auf. Sie hebt ihren Zauberstab und sagt laut:

„Schlafet ein, kehret ein

in das Reich der Träumereien."

Gespannt beobachtet Gemma die Töpfe. Besonders schläfrig wirken sie nicht. Auch nicht besonders wach. Eigentlich sehen sie aus wie immer. Als Nächstes holt sie den Staubsauger aus der Kammer und schaltet ihn an. Er ist so laut, dass sie den Zauberspruch brüllen muss. Nur leider wird auch der Staubsauger nicht müde. Er saugt einfach weiter. So lange, bis Gemma den Stecker zieht.

„Was für ein Pechtag", sagt sie und lässt sich aufs Sofa plumpsen. „Ich bekomme diesen blöden Einschlafzauber einfach nicht hin."

Gemma überlegt. Schon heute Abend findet

Haben alle Töpfe einen Deckel?

die Hexenversammlung statt. Und da müssen alle jungen Hexen der Oberhexe zeigen, was sie gelernt haben. Was soll sie tun, wenn es mit dem Einschlafzauber bis dahin nicht klappt?

Als es Abend wird, ruft Gemma ihren Hexenbesen. Aber der steht in der Zimmerecke und rührt sich nicht vom Fleck.

„Besicus", ruft Gemma. „Nun komm schon, wir müssen los!" Doch der Besen bleibt, wo er ist. Gemma stampft wütend mit dem Fuß auf. „Jetzt ist auch noch der Besen kaputt!", schimpft sie. Gemma schaut auf die Uhr. Wenn sie den Bus noch kriegen will, muss sie sich mächtig beeilen. Schnell greift sie nach ihrem Hexenhut und läuft los. Puh! Gerade noch geschafft. Schnaufend steigt Gemma in den Bus und setzt sich neben eine Frau. Sie holt einen zerknitterten Zettel aus ihrer Hosentasche und liest noch einmal Wort für Wort den Einschlafzauber. Vielleicht hat sie vorhin ein Wort vergessen?

Stampfe auch einmal kräftig mit dem Fuß auf.

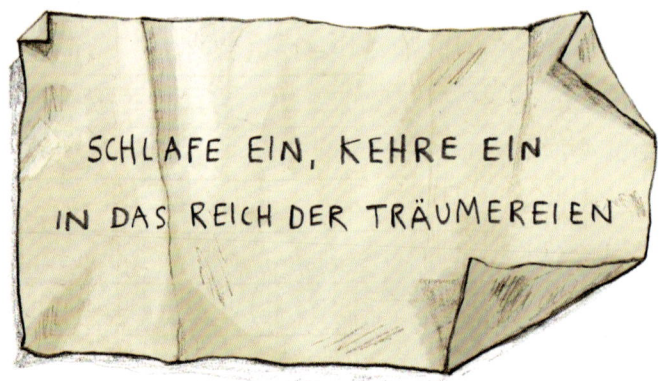

SCHLAFE EIN, KEHRE EIN
IN DAS REICH DER TRÄUMEREIEN

Warum lehnt die Frau ihren Kopf an Gemmas Schulter?

„Schlafe ein, kehre ein in das Reich der Träumereien", sagt sie. Merkwürdig. Genau so hat sie es doch gesagt. Da spürt sie plötzlich den Kopf ihrer Sitznachbarin an ihrer Schulter. Vorsichtig dreht Gem-

ma sich um. Die Frau schläft. Ob das der Einschlafzauber war? Behutsam schiebt Gemma den Kopf der Frau zur Seite, stellt sich in den Gang und flüstert ihren Zauberspruch ein zweites Mal. Und siehe da, überall im Bus sinken die Fahrgäste auf ihren Sitzen in sich zusammen. Manche schnarchen sogar.

„Hurra", ruft Gemma. „Ich kann es doch!"

Aber dann fährt der Bus plötzlich in Schlangenlinien. Gemma schaut zum Fahrer. Kein Zweifel, er schläft.

„He, sofort aufwachen!", ruft Gemma.

In letzter Sekunde greift sie das Steuer. Gerettet! Vorsichtig fährt sie den Bus bis zum Hexenberg, schaltet den Motor ab und steigt aus.

Alle anderen Hexen warten schon auf sie.

„Na, was hast du gelernt, mein Kind?", fragt die Oberhexe.

„Den Einschlafzauber", sagt Gemma und ist sehr froh.

„Dann lass mal sehen", sagt die Oberhexe. Gemma stellt sich im Hexenkreis auf, hebt den Zauberstab und sagt ihren Spruch. Alle Hexen schlafen augenblicklich ein.

Kannst du den Einschlafzauber aufsagen?

Die Hexen schlafen, aber wer ist noch wach?

„Gut gemacht, Gemma", sagt die Oberhexe. Und dann zaubert sie
die schlafenden Hexen, den Busfahrer und die Fahrgäste wieder
wach. Gemma hört ganz genau zu. Und als sie an diesem Abend
nach Hause kommt, stellt sie sich vor ihren Besen und spricht den
Aufwachzauber nach. Sofort ist der Besen putzmunter. Aber dafür
ist Gemma nun sehr, sehr müde. Das war ein aufregender Tag. Sie
hat gleich zwei Zaubersprüche gelernt. Und aus dem Pechtag ist
ein richtiger Glückstag geworden.

Einschlafzauber für kleine Hexen

Heiße Milch mit Honig ist ein wunderbarer Schlaftrunk für kleine Hexen und solche, die es werden wollen. Das Rezept ist einfacher als Gemmas Hexenspruch.

Du brauchst
So viel Milch, dass dein Lieblingsbecher fast voll ist
1 Teelöffel Honig

So wird's gemacht
Erwärme die Milch in einem Kochtopf, bis sie dampft. Schütte die Milch in deinen Lieblingsbecher. Verrühre den Honig in der warmen Milch und mach es dir gemütlich. Mmmh, lecker!

Ein Sturm wie in Grönland

Niklas hat neben seinem Bett eine große Weltkarte aufgehängt. Darauf kann man ganz viele Länder sehen. Und man sieht auch,

In welches Land würdest du gern verreisen?

welche Tiere dort leben. Im Meer schwimmt der Wal, am Nordpol ist ein Eisbär, und in Afrika – mitten in der Wüste – steht ein Kamel. Vor dem Einschlafen schaut sich Niklas immer seine Weltkarte an. Und dann überlegt er, wohin er verreisen will.

„Was wünschst du dir eigentlich zum Geburtstag?", fragt Papa ihn eines Abends beim Gutenachtsagen.

Niklas schaut zu seiner Weltkarte. „Ich wünsche mir eine Reise", sagt er. „Am liebsten nach Grönland, zu den Eisbären."

„Hm, Grönland ist aber ganz schön weit weg", sagt Papa. „Wie wäre es stattdessen mit Zelten an der Nordsee?"

Da muss Niklas einen Augenblick überlegen. „Zelten klingt gut", sagt er. Und je länger er darüber nachdenkt, desto besser findet er die Idee. „Dann könnten wir grillen und eine Nachtwanderung machen."

Dazu hat auch Papa Lust. Außerdem meint er, dass das Zelten an der Nordsee ein bisschen wärmer ist als in Grönland. Denn Grönland ist eine Insel, die fast am Nordpol liegt. Dort weht ein eiskalter Wind, und das Land ist fast immer von Schnee bedeckt. Doch an der Nordsee gibt es Strand, Meer und Sonne. Und im Juni ist es dort richtig warm.

„Wir könnten uns zu dritt ein richtig nettes Wochenende machen", sagt Papa. Niklas' älterer Bruder Luis kommt natürlich auch mit. Ja, das gefällt Niklas gut. Und als er sich in sein Kissen kuschelt, wünscht er sich nichts mehr, als dass sein Geburtstag schon morgen wäre.

An einem sonnigen Samstagmorgen ist es endlich so weit. Papa hat das Auto beladen, und nun fahren sie los. Sie haben das Zelt dabei, den Grill, Grillkohle, Würstchen, Luftmatratzen, Badesachen, Schlafsäcke und eine Taschenlampe. Auf kleinen Straßen fahren sie über die Dörfer. Niklas zählt die Kühe, die auf den Weiden stehen. Nach der zweihundertsiebenundvierzigsten Kuh sind sie da. Papa parkt das Auto neben dem Zeltplatz. Als Erstes gehen Niklas, Luis und Papa ans Wasser. Niklas krempelt sich die Hose hoch und läuft in die Wellen.

Weißt du, wann dein Geburtstag ist?

Wie viele Kühe siehst du? Zähle.

„Uii, ist das kalt!", ruft er und springt schnell zurück.

„Kalt?", fragt Luis und lacht. „Wolltest du nicht eigentlich nach Grönland fahren? Da ist das Wasser noch kälter!"

„Geh du doch baden, wenn du es so warm findest", sagt Niklas.

„Jungs, ich finde, wir sollten jetzt erst mal unser Auto entladen", sagt Papa. „Und danach könnt ihr euch immer noch über die Wassertemperatur streiten."

Sie gehen zum Parkplatz zurück, tragen all ihre Sachen zum Zeltplatz, und dann bauen sie das Zelt auf. Es weht eine ordentliche Brise, denn schließlich sind sie am Meer. Es ist gut, dass sie das Zelt am Boden festgemacht haben, denkt Niklas. Sonst würde es bestimmt wegfliegen. So sehr rüttelt der Wind daran.

„Im Zelt wird es kuschelig warm, ihr werdet schon sehen", sagt Papa und zieht sich die Mütze tiefer ins Gesicht. Einen Juniabend am Meer hat er sich allerdings milder vorgestellt. Er schaut besorgt zum Himmel. Da ziehen immer mehr Wolken auf, und die sehen ziemlich bedrohlich aus. Luis und Niklas rollen die Luftmatratzen auseinander.

„Wo hast du denn die Luftpumpe, Papa?", fragt Luis.

Welche Farbe hat das Zelt?

„Die Luftpumpe? Äh, an die kann ich mich gar nicht erinnern."
Papa macht ein ratloses Gesicht. „Ich fürchte, die habe ich vergessen."

„Oh Mann", sagt Luis und verdreht die Augen. „Das kann ja eine gemütliche Nacht werden."

„Halb so wild", sagt Papa und klopft Luis aufmunternd auf die Schulter. „Wir sind doch jung. Da kann man schon mal auf dem Boden schlafen."

Niklas probiert aus, ob er die Luftmatratze mit dem Mund aufblasen kann. Ihm wird ganz schwindelig vom vielen Pusten. Die Matratze aber füllt sich kein bisschen mit Luft. Und das ändert sich auch nicht, als Papa und Luis es probieren.

Schließlich gibt Papa das Aufblasen auf. Er schaut seine beiden Jungs an. „Wie sieht es denn mit eurem Hunger aus?", fragt er. „Wollen wir den Grill anmachen?"

„Oh ja", ruft Niklas. Er liebt es nämlich zu grillen. Zu Hause geht das nie, denn ihr Balkon ist ganz klein.

Hilf Niklas und puste auch einmal.

Und wenn sie es trotzdem tun, beschwert sich Frau Gatz, die über ihnen wohnt. Sie behauptet, dass der ganze Rauch in ihr Wohnzimmer zieht.

Der Grill ist schnell zusammengesetzt. Das Problem ist nur, dass der Wind ihn andauernd umwirft. „So ist es eben am Meer, was, Jungs?", sagt Papa und lacht. „Da weht immer ein leichtes Lüftchen."

Niklas schaut zum Himmel. Die Wolken sind dunkel. „Sieht wohl eher nach Sturm aus", murmelt er.

Luis hält den Grill fest, und Papa versucht, mit den Streichhölzern den Grillanzünder anzubekommen. Aber der Wind löscht auch diese Flamme sofort. Nach vielen Versuchen lässt Papa die Hand sinken. „Das war's, Jungs", sagt er. „Unser letztes Streichholz ist futsch." Papa kratzt sich nachdenklich am Kopf. „Und was machen wir jetzt?"

„Neue kaufen?", fragt Luis.

Aber da fallen die ersten Tropfen vom Himmel, und es werden schnell mehr.

„Wisst ihr was?", sagt Papa. „Das mit dem Grillen verschieben wir. Wir fahren ins Dorf und gehen essen." Dazu braucht er Niklas und Luis nicht lange zu überreden. Schnell wie die Feuerwehr bauen sie den Grill auseinander, kippen die Grillkohle zurück in den Beutel und rennen durch den Regen zum Auto. Geschafft!

Zum Glück bekommen sie noch einen Tisch im Gasthof. „Ist viel Betrieb heute", sagt die Wirtin. „Wir haben viele Übernachtungsgäste. Sind auch Leute vom Zeltplatz dabei. Kein Wunder, bei diesem Schietwetter."

Wie viele Streichhölzer haben die drei verbraucht?

Dicke Regentropfen klatschen ans Fenster, und der Wind heult ums Dach. Niklas, Luis und Papa schauen hinaus. Alle drei werden ganz still.

„Komisch, ich habe gar keine Lust mehr zu zelten", sagt Niklas schließlich.

„Vielleicht können wir das auch verschieben", schlägt Luis vor. „So wie das Grillen."

„Und wo sollen wir schlafen?", fragt Niklas. „Im Auto?"

„Sie können auch hier übernachten", sagt die Wirtin, die gerade die Karte bringt. „Ein letztes Zimmer ist noch frei."

„Das nehmen wir", sagt Papa sofort.

„Hurra!", rufen Niklas und Luis. Und dann bestellen sie Kartoffeln mit Bratwurst und essen sich so richtig rund und kugelig. Es ist so gemütlich drinnen, wenn draußen der Sturm tobt.

„Nur eins ist blöd", sagt Niklas. „Dass aus der Nachtwanderung nun nichts wird."

„Wieso das denn?", fragt Papa. „Ich fahre jetzt zum Zeltplatz, hole unsere Klamotten, und dann gehen wir raus, einverstanden?"

„Echt?" Niklas und Luis schauen sich an. „Aber werden wir dabei nicht nass?"

Hast du schon einmal eine Nachtwanderung gemacht?

„Klar", sagt Papa und lacht. „Nass bis auf die Knochen, doch anschließend könnt ihr euch umziehen und dann unter die warme Decke kriechen. Aber vorher lassen wir uns mal so richtig den Wind um die Ohren wehen."

Und genau so machen sie es. Niklas, Luis und Papa laufen zum Strand. Beim Gehen müssen sie sich ordentlich gegen die Böen stemmen, um überhaupt voranzukommen. Am Strand sind sie ganz allein. Richtig hohe Wellen rollen heran. Die Schaumkronen leuchten hell in der Dämmerung. Und der Sturm tobt so laut, dass man brüllen muss, um sich zu verstehen. „Das ist hier wie in Grönland", schreit Niklas.

„Ja, wie am Nordpol", schreien Luis und Papa zurück. Das macht Spaß! Und dann lassen sie sich vom Wind über den Strand wehen. Niklas breitet die Arme aus. Es ist fast so, als könnte er wegfliegen. Mit roten Gesichtern kehren sie schließlich zurück. Im Gasthof wartet ihr gemütliches Zimmer auf sie. „Das war ein schöner Sturm", sagt Niklas vor dem Einschlafen.

„Fand ich auch", sagt Papa. „Gute Nacht, Jungs. Schlaft schön."

Und was passiert, als sie am nächsten Tag aufwachen? Die Sonne scheint ins Zimmer, und es ist richtig warm. So kommt es, dass Niklas, Luis und Papa doch noch im Zelt übernachten. Beim kleinen Kiosk auf dem Zeltplatz kaufen sie neue Streichhölzer und leihen sich eine Luftpumpe für die Luftmatratzen aus. Papa hat recht, es ist wirklich kuschelig im Zelt.

„Das ist das beste Geschenk", sagt Niklas glücklich. Und Papa, Niklas und Luis beschließen, dass sie ganz bald wieder einen Zeltausflug machen. Und zwar nicht erst am nächsten Geburtstag.

Breite auch einmal die Arme weit aus.

Hast du schon einmal gezeltet? Wenn ja, wo und wann?

20

Buntes Windspiel für draußen

Mit diesem Windspiel kannst du immer sehen, woher der Wind weht. Und ob es ein Sturm ist oder ein laues Lüftchen. Schnapp dir einen Erwachsenen und los geht's!

Du brauchst

eine bunte Plastiktüte
eine runde Käseschachtel
Alleskleber
eine Schere
eine dicke Nadel
kräftigen Faden, ca. 50 cm lang

So wird's gemacht

Trenne die Plastiktüte an beiden Seiten auf, sodass du ein langes Stück Plastik erhältst.

Schneide nun einen breiten Streifen für den Körper aus (ca. 15 cm breit, das ist ungefähr so breit wie deine beiden Hände nebeneinander), schneide danach mindestens acht Streifen aus (jeweils ca. 2 cm breit, das ist ungefähr so breit wie zwei deiner Finger nebeneinander).

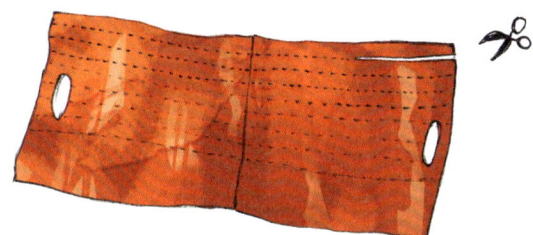

Löse den Boden der Käseschachtel ab.
Bestreiche den äußeren Rand der Käseschachtel mit Kleber und befestige den
breiten Plastikstreifen daran.

Jetzt brauchst du nur noch die schmalen
Plastikstreifen an den breiten Plastikstreifen
zu kleben. (Wenn du möchtest, kannst du sie
auch mit einem Tacker festtackern.) Lass alles gut trocknen.

Steche mit der dicken Nadel zwei gegenüberliegende Löcher in
die Seiten der Käseschachtel. Nun kannst du den kräftigen Faden
hindurchziehen und festknoten.
Hänge dein Windspiel draußen auf.

Ein Ritterturnier mit Froschkonzert

Ritter Heribert und sein Knappe Tobias waren zu Gast auf Burg Funkelstein. Dort fand ein großes Ritterturnier statt. Der Sieger des Turniers sollte die Tochter des Grafen Funkelstein, die schöne Amalia, zur Frau bekommen.

Als Knappe hatte Tobias seinen Herrn Ritter Heribert schon auf viele Turniere begleitet. Er tat dann das, was alle Knappen taten: Er striegelte die Pferde, putzte und reparierte die Rüstungen und trug die Waffen. Nun stand er mit seinem Ritter auf dem Vorplatz der Burg Funkelstein.

Entdeckst du das Wappentier des Ritters?

„Den Helm, bitte", sagte Ritter Heribert. Sofort setzte Tobias seinem Herrn den Helm auf den Kopf.

„Nömm dön söfört wödör öb!", rief Ritter Heribert wütend.

„Oh! Verzeihung", sagte Tobias. Er hatte seinem Ritter den Helm doch tatsächlich verkehrt herum aufgesetzt! Schnell nahm er ihn wieder ab.

Als Nächstes führte Tobias den prächtigen Schimmel des Ritters aus dem Stall. Ritter Heribert saß auf.

„Meine Lanze, bitte", sagte er.

Doch Tobias, der eben ein paar Pferdeäpfel weggemacht hatte, reichte ihm anstelle der Lanze die Schaufel.

Ritter Heribert tobte. „Du Tölpel!", rief er.

Tobias wurde rot. „Verzeihung", sagte er und tauschte die Schaufel gegen die Lanze.

Endlich galoppierte Ritter Heribert davon, um auf dem Turnierplatz zu üben. Tobias gähnte. Heute ging aber auch alles schief. Daran waren nur diese dämlichen Frösche schuld.

Es war nämlich so: Der Schlafsaal der Knappen lag direkt neben dem Burggraben. Und im Burggraben quakten nachts die Frösche. Und zwar so laut, dass Tobias letzte Nacht kein Auge zubekam. Jetzt konnte er sich vor Müdigkeit kaum auf den Beinen halten.

So geht das nicht weiter, dachte Tobias. Ich muss mir etwas einfallen lassen, um die Frösche zum Schweigen zu bringen. Er holte sich einen Kescher.

Am Abend, als das Froschkonzert begann, fischte er mit dem Kescher jeden einzelnen Frosch aus dem Burggraben und warf ihn in ein Fass. Dieses Fass verschloss er mit einem schweren Deckel.

Hast du verstanden, was Ritter Heribert gesagt hat?

Wie viele Frösche entdeckst du?

Zufrieden ging Tobias in den Saal zurück und legte sich schlafen. Doch da war es wieder. „Quak, quak. Quak, quak."

Das kann doch wohl nicht wahr sein, dachte Tobias. Er hatte doch gerade alle Frösche gefangen.

Tobias lief zum Burggraben zurück. Und siehe da, es hatten sich wieder neue Frösche auf den Seerosenblättern versammelt. Gerade wollte Tobias noch einmal zum Kescher greifen, da erblickte er am Fenster direkt über sich die schöne Amalia. Sie schaute in den Abendhimmel und betrachtete den heller werdenden Mond. Dabei sah sie sehr traurig aus. Doch als sie Tobias entdeckte, lächelte sie.

„Hallo, Knappe", rief sie. „Wieso schläfst du nicht?"

„Wegen der Frösche. Sie quaken zu laut", sagte Tobias. „Und du?"

„Wegen morgen", sagte sie. „Ich muss den Sieger des Turniers heiraten. Dabei kann ich keinen der Ritter gut leiden."

Tobias dachte nach. Dann sagte er: „Vielleicht kann ich dafür sorgen, dass niemand das Turnier morgen gewinnt. Was bekomme ich, wenn ich dir helfe?"

Quake auch mal
wie ein Frosch.

„Meine Burg", sagte Amalia. „Und meine Freundschaft."

„Gut", sagte Tobias. Und dann nahm er das Fass voll quakender Frösche und rollte es in die Burg. Vor den Kammern der Ritter nahm er den Deckel ab. Die Frösche hüpften durch die Gänge, und sie quakten die ganze Nacht.

Am nächsten Morgen sahen die Ritter allesamt grau und müde aus. Auch gähnten sie die ganze Zeit. Sie hatten alle kaum geschlafen. Und als das Turnier begann, traf nicht einer mit der Lanze ins Ziel. So passierte etwas, das auf Burg Funkelstein noch nie passiert war: Das Turnier blieb ohne Sieger.

Nur Tobias und Amalia jubelten. Denn Amalia musste nun keinen der Ritter zum Mann nehmen. Auch ihr Versprechen hielt sie und schenkte Tobias ihre Burg und ihre Freundschaft. So lebten die beiden von nun an glücklich auf Burg Funkelstein. Und wenn die Frösche im Burggraben quakten, mussten sie lächeln. Sie stopften sich dann einfach ein bisschen Schafwolle in die Ohren und schliefen.

Konntest du auch schon einmal nicht schlafen?

Kartoffelkampf

Für dieses Ritterspiel brauchst du keine echten Lanzen. Zwei Esslöffel tun es auch. Und wenn du nach dem Turnier Hunger hast, kannst du die Kartoffel kochen und mit etwas Salz und Butter ritterlich verspeisen.

Du brauchst
1 Mitspieler
2 Kartoffeln
4 Esslöffel

So wird's gemacht
Jeder Ritter nimmt in jede Hand einen Esslöffel. Die Kartoffel legt ihr auf den Löffel in der linken Hand. Den Löffel in der rechten Hand braucht ihr für den Kartoffelkampf.

Auf „Achtung, fertig, los!" beginnt der Kartoffelkampf. Nun versucht jeder Ritter, dem anderen die Kartoffel mit dem freien Löffel herunterzuschlagen. Sieger ist der Ritter, dessen Kartoffel am längsten auf dem Löffel bleibt.

Kuscheln mit Kater Muck

Elins Katze heißt Minka, aber sie ist nur ein Stofftier. Viel lieber hätte Elin eine echte Katze, die miauen und schnurren kann. Eine Katze, die Elin begrüßt, wenn sie nach Hause kommt, oder die gemütlich auf dem Sofa liegt. Doch das geht leider nicht. Denn wenn Mama nur die Schwanzspitze einer Katze sieht, muss sie niesen und bekommt überall rote Flecken. Sie ist nämlich gegen Tierhaare allergisch, sagt sie. Und deshalb kann Elin auch keine Katze haben.

Wie hört es sich an, wenn man niest? Mach es laut vor.

Eines Abends klingelt es an der Tür. Es ist Maja, die Nachbarin von unten.

„Ich bin Tante geworden", sagt Maja. „Und nun möchte ich am liebsten sofort losfahren und meine Schwester und das Baby besuchen."

„Du bist Tante? Herzlichen Glückwunsch", sagt Mama und lacht. „Das ist ja toll."

„Ja, es gibt da nur ein Problem", sagt Maja. „Es geht um Muck. Ihr wisst schon, der kleine Kater, der mir neulich zugelaufen ist."

„Ja?", sagt Mama und zieht eine Augenbraue hoch. Elin hat vom Flur aus alles mit angehört. Wenn es um Muck geht, will sie dabei sein. Sie geht zur Wohnungstür und stellt sich neben Mama.

Elin mag Majas Katze. Oft beobachtet sie Muck, wenn er durch

Bringt Elin noch jemanden mit? Wen?

den Hinterhof streift. Dann versucht er manchmal eine Fliege zu fangen und springt dabei durch das Gras wie ein Gummiball. Das sieht so lustig aus, findet Elin. Muck ist der verspielteste Kater, den es gibt.

„Könntest du Muck bitte füttern, solange ich weg bin?", fragt Maja Elins Mama. „Und auch das Katzenklo säubern?"

„Tut mir leid, aber ich fürchte, das geht nicht", sagt Mama. „Gegen Tierhaare bin ich allergisch." Mama sieht Maja traurig an. „Dabei mag ich Katzen eigentlich sehr gern."

„Vielleicht kann ich das machen", sagt Elin plötzlich. „Mir machen Katzenhaare nämlich nichts aus."

„Aber dann müsstest du ganz früh aufstehen", sagt Mama. „Und Muck füttern, noch bevor du in den Kindergarten gehst."

„Ja", sagt Elin.

„Willst du das denn?", fragt Mama.

„Ja", sagt Elin wieder.

„Und was sagst du dazu?", fragt Maja Elins Mama.

Mama überlegt ein bisschen. „Ich bin einverstanden", sagt sie.

In Elins Bauch kribbelt es auf einmal wie Brausepulver, so aufregend ist alles.

Welches Haustier magst du am liebsten?

Recke auch die Arme in die Luft und rufe „Juchhu!".

Welche Farben hat Mucks Fell?

„Gut, das hätten wir also geklärt", sagt Mama und streicht ihrer Tochter über die Haare.

„Juchhu!", ruft Elin und reckt die Arme in die Luft. Sie ist so glücklich. Denn nun hat sie fast eine eigene Katze. Wenn auch nur für ein paar Tage.

Maja schlägt vor, dass Elin gleich mit nach unten kommt. Dann kann sie ihr alles zeigen, denn morgen will sie schon zu ihrer Schwester und dem Baby fahren.

Als Elin in Majas Wohnung kommt, liegt Muck im Katzenkörbchen und schläft. Elin streichelt ihm über das Fell. Er ist ganz schön dick geworden, findet Elin. Aber trotzdem ist er der süßeste Kater der Welt. „Bald besuche ich dich jeden Tag", sagt sie.

Am nächsten Morgen ist Elin früh wach. Draußen ist es sogar noch dunkel. Elin zieht sich schnell an und schlüpft leise zur Tür hinaus. Als sie Majas Wohnungstür öffnet, steht Muck schon im Flur und wartet auf sie. „Hallo, Muck", sagt Elin.

„Miau", macht Muck und reibt seinen Kopf an ihrem Bein. Elin bückt sich, um ihn zu streicheln. Muck schnurrt laut und genüsslich.

„Zeit fürs Frühstück", sagt Elin und geht in die Küche. Muck springt ihr hinterher. Dann bekommt er sein Futter, und das hat er im Nu aufgefressen. Anschließend streckt sich der Kater auf dem Küchenboden aus und putzt sich mit der Zunge das Fell. Sein Bauch ist wirklich kugelrund.

„Hast du Lust zu spielen?", fragt Elin. Sie zieht ein kleines Stofftier am Faden durch das Zimmer. Aber Muck will jetzt keine Mäuse jagen. Er schaut der Stoffmaus nur müde hinterher.

„Dann eben nicht", murmelt Elin und kniet sich neben ihn. Sie krault dem Kater das Fell. Und das scheint ihm gut zu gefallen, denn er hält ganz still. Es ist so schön, eine Katze zu haben, denkt Elin. Doch nun muss sie los. „Ich gehe jetzt in den Kindergarten", erklärt sie dem Kater. „Ich komme wieder!"

Und das tut Elin auch. Und zwar sofort nach dem Kindergarten. Mit dem Schlüssel schließt sie Majas Wohnungstür auf. Doch diesmal wartet niemand auf sie. „Muck? Hallo?", ruft sie. „Wo bist du denn?"

Was für ein Tier zieht Elin am Faden durch das Zimmer?

Hilf Elin und rufe auch einmal nach Muck.

Findest du zwei Fahrzeuge im Schuppen?

Elin läuft durch alle Zimmer. Aber sie kann Muck nirgends entdecken. Nicht in seinem Katzenkörbchen, nicht in der Küche und auch nicht auf dem Sofa.

Vielleicht ist Muck ja draußen, überlegt Elin. Vielleicht ist er durch die Katzenklappe in den Garten gelaufen. Elin öffnet die Tür und schaut raus. „Muck?", ruft sie. „Muhuck!"

Da hört sie ein leises Miauen. Es kommt aus der hintersten Ecke des Gartens. Vielleicht aus dem kleinen Schuppen, der dort steht.

„Wo steckst du, Muck?", ruft Elin wieder. In dem Schuppen liegt überall Gerümpel herum. Blumentöpfe, Liegestühle, eine rostige Tonne, ein Kaninchenstall und noch viel mehr.

„Muhuck", ruft Elin noch einmal.

„Miauu", antwortet es.

Das kam doch aus der Nähe des Kaninchenstalls!, denkt Elin und bückt sich, um unter den Stall schauen zu können. Da leuchten ihr doch tatsächlich ein Paar grüne Katzenaugen entgegen.

„Was machst du denn da?", fragt Elin erstaunt. Und nun hört sie ein feines Fiepen. Hat Muck etwa eine Maus gefangen? Es dauert etwas, bis ihre Augen sich an die Dunkelheit gewöhnt haben. Aber eins ist ihr sofort klar: Mäuse sind es nicht, die da neben Muck liegen.

„Na, so was", flüstert Elin und staunt. „Muck, das kann doch nicht wahr sein!"

Zwei winzige Kätzchen liegen ganz eng an Mucks Bauch gekuschelt. Elin schüttelt den Kopf. „Dann bist du gar kein Kater, sondern eine Katze", sagt sie. „Und jetzt verstehe ich auch, weshalb du so dick warst. Warte, Muck, ich bin gleich wieder da." Elin läuft, so schnell es geht, nach Hause zu ihrer Mama.

„Mama, Muck hat Junge gekriegt!", ruft Elin außer Atem, als Mama die Tür öffnet.

„Was?", ruft Mama. „Aber das geht doch gar nicht. Muck ist doch ein Kater."

„Ja, das habe ich auch geglaubt", sagt Elin und lacht. „Komm schnell, das musst du dir anschauen."

Elin nimmt Mama bei der Hand und zieht sie nach draußen in den Hinterhof, wo der Kaninchenstall steht. Sie hocken sich auf den Boden und schauen unter den Stall. Ja, es stimmt. Muck ist Mama geworden.

„Hilfst du mir, sie in die Wohnung zu bringen?", fragt Elin. „Nachts ist es draußen doch viel zu kalt."

„Na klar, das mach ich", sagt Mama und holt einen Karton, in den sie eine alte Wolldecke legt. Elin lockt Muck unter dem Stall her-

Wieso denkt Elin nun, dass Muck eine Katze ist?

Mach dich auch einmal ganz klein.

vor, und dann hebt sie sie vorsichtig in den Karton. Jetzt fehlen noch die beiden Katzenbabys. Elin macht sich ganz klein und kriecht unter den Stall. So kann sie die kleinen Katzenbabys hervorholen und sie zu ihrer Mutter legen. Mama trägt den Karton in Majas Wohnung. Dort stellt Elin Futter und Trinken für Muck bereit. Noch lange bleiben Elin und Mama in der Nähe und schauen der kleinen Katzenfamilie zu.

„Maja wird staunen, wenn sie zurückkommt", sagt Mama.

„Ein Baby bei ihrer Schwester und zwei Babys bei ihrer Katze", sagt Elin, und auch sie kuschelt sich ein bisschen wie ein Katzenbaby an ihre Mama. Eine Weile ist sie ganz still. „Komisch", sagt Elin dann.

„Was denn?", fragt Mama.

„Du hast gar keine Flecken auf der Haut, und niesen tust du auch nicht", sagt Elin.

Verwundert schaut Mama sich ihre Arme an. „Du hast recht", sagt sie. „Keinen einzigen Fleck. Und meine Nase ist auch völlig frei."

„Du bist doch gegen Tierhaare allergisch, oder nicht?", fragt Elin.

„Ja, gegen Tierhaare schon, aber vielleicht ja nicht gegen Katzenhaare", sagt Mama.

„Das wäre ja toll", sagt Elin und schaut zu den Katzenbabys hinüber. Denn sie will ja nicht irgendein Tier haben, sondern nur eine echte Katze, die miauen und schnurren kann. Und vielleicht wird Elins Wunsch bald in Erfüllung gehen.

Wieso könnte Elins Wunsch bald in Erfüllung gehen?

Eine große Katzenfamilie ...

... kannst auch du haben! Mit dem großen Daumen stempelst du die Katzeneltern, mit dem kleinen Finger zauberst du ganz viele kleine Kätzchen auf das Papier.

Du brauchst
Stempelkissen in verschiedenen Farben
ein Blatt Papier
einen Stift

So wird's gemacht
Drücke deine Fingerkuppen in das Stempelkissen und dann auf das Papier. Mit einem größeren Finger stempelst du den Katzenkörper. Mit einem kleineren den Katzenkopf.
Male deiner Katze mit dem Stift Beine, Ohren, Augen, Schnurrhaare und den Katzenschwanz.
Fertig ist die erste Katze deiner neuen Katzenfamilie.
Stempel nun noch mehr Katzen oder andere Tiere. Viel Spaß!

Karlotta und das Hexenfrühstück

Wo würdest du gern mal alleine einkaufen?

Es ist einfach ungerecht. Seit Tagen regnet es ununterbrochen. Und das, obwohl Sommerferien sind und Karlotta mit ihrer Mama in Dänemark Urlaub macht. Am Himmel sind lauter graue Wolken zu sehen. Wolken, die mit so viel Regen angefüllt sind, dass es für die ganzen Ferien reicht.

An diesem Morgen regnet es wieder. Karlotta ist mit Brötchenholen an der Reihe. Sie darf allein zum Bäcker gehen, denn sie kommt ja schon bald in die Schule. Außerdem liegt die Bäckerei ganz in der Nähe des Ferienhauses. Karlotta hat die Kapuze ihrer Regenjacke tief in die Stirn gezogen. Ihre Turnschuhe sind schon nach wenigen Metern pitschnass. Die Gummistiefel hat sie leider zu Hause gelassen. „Auf unserer dänischen Insel scheint sowieso immer die Sonne", hat Mama beim

Packen gesagt. Von wegen. Karlotta versucht tapfer, den Pfützen auszuweichen. Das ist gar nicht leicht, weil fast der ganze Gehweg eine einzige Pfütze ist. Je nasser ihre Füße werden, desto schlechter wird ihre Laune.

Auf dem Rückweg vom Bäcker schüttet es sogar noch mehr. Der Regen weicht die Papiertüte auf. Und dann reißt sie, und alle Brötchen purzeln heraus. Fluchend sammelt Karlotta sie auf. Doch das letzte Brötchen kullert einfach davon.

„He, hiergeblieben!", ruft Karlotta. Aber das Brötchen kullert schneller und schneller. „Stopp!", schreit Karlotta und läuft hinterher. Das Brötchen biegt in eine Querstraße zum Hafen ein, rollt an den Fischerboten vorbei und nimmt den Weg in den Wald. Dann verschwindet es zwischen den Bäumen. Karlotta bleibt schnaufend stehen. „Wo ist es hin? Dieses verflixte Brötchen", sagt sie. Karlotta klettert auf eine Eiche, um Ausschau zu halten. Da sieht sie, wie das Brötchen durch das Farngestrüpp rollt, direkt auf eine kleine Holzhütte zu. Karlotta rutscht vom regennassen Baum hinunter und nimmt die Verfolgung wieder auf.

Vor der Holzhütte steht ein Gartentisch, auf dem eine dampfende Kaffeetasse steht. Und da ist ja auch endlich ihr Brötchen. Es liegt unschuldig auf einem Teller, so, als wäre es niemals woanders gewesen. Karlotta will es einstecken. „Jetzt habe ich dich", sagt sie.

Findest du einen Weg durch die Pfützen?

Hilf Karlotta und rufe laut: „Hiergeblieben!"

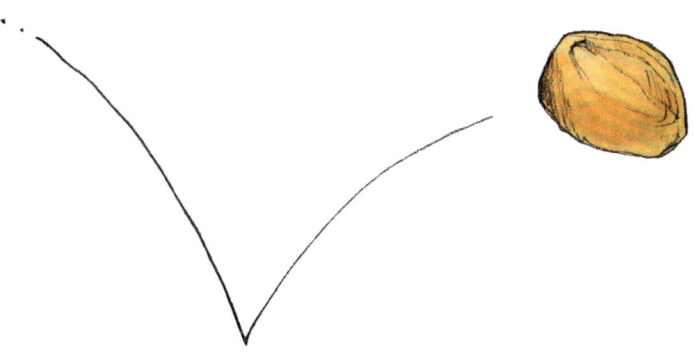

In diesem Moment öffnet sich die Haustür, und eine alte Hexe kommt heraus.

„Was machst du mit meinem Brötchen?", fragt sie, als sie Karlottas ausgestreckte Hand sieht. „Lass es gefälligst liegen!"

„Das ist mein Brötchen", sagt Karlotta. „Ich habe es gekauft, doch dann ist es mir weggekullert."

„Aber jetzt liegt es auf *meinem* Teller", sagt die Hexe. „Und darum werde *ich* es auch essen."

„Das ist gemein", sagt Karlotta. „Du kannst dir deine eigenen Brötchen kaufen."

„So? Kann ich das?", fragt die Hexe und lässt sich auf einen Gartenstuhl sinken. „Ich bin alt, und mir tun die Füße weh. Mein Besen ist kaputt, und der Weg zur Bäckerei ist weit. Deshalb hexe ich die Brötchen eben zu mir." Die Alte senkt den Blick. „Tut mir leid, dass ich ausgerechnet deins erwischt habe."

Die Hexe seufzt, und Karlotta bekommt Mitleid mit ihr.

„Na gut, meinetwegen kannst du das Brötchen behalten", sagt sie.

Kannst du das Brötchen entdecken?

38

„Das ist aber nett von dir", sagt die Hexe und lächelt. „Möchtest du vielleicht mit mir frühstücken? Zu zweit macht es doch viel mehr Spaß."

„Ja, gern." Karlotta nickt.

Die Hexe holt die Kaffeekanne, Geschirr und Besteck für Karlotta, und dann setzen sich die beiden an den Gartentisch und plaudern. Diese Hexe ist wirklich nett, denkt Karlotta.

„Meine Mama und ich machen hier Urlaub", erzählt sie der Hexe. „Wir wohnen in einem Ferienhaus, ganz in der Nähe der Bäckerei."

„Ihr habt es gut", sagt die Hexe und schlürft ihren Kaffee. „Hast du nicht Lust, mich morgen wieder zu besuchen und mir ein Brötchen mitzubringen?", fragt sie dann.

„Eigentlich schon", sagte Karlotta. „Aber bei diesem blöden Regen macht mir das keinen Spaß." Erst jetzt merkt sie, dass es ja überhaupt nicht mehr regnet. Nein, es ist trocken, und die Sonne scheint. „Was ist denn mit dem Wetter los?", fragt sie verwundert.

Die Hexe kichert in sich hinein. „Das ist noch so ein Zauber", erklärt sie. „Da, wo ich bin, ist immer Sonnenschein. Das war ein Zaubergeschenk meiner Patentante. Nicht schlecht, oder?" Die Hexe lehnt sich zufrieden zurück. „Falls es doch mal regnet, dann nur nachts, während ich schlafe."

„Du hast es gut", sagt nun auch Karlotta. Sie kaut ihr Brötchen und denkt nach. „Möchtest du nicht bei uns im Ferienhaus wohnen?", fragt sie die Hexe. „Wir könnten zusammen auf der Terrasse frühstücken, im Sonnenschein."

Wie frühstückst du am liebsten?

Würdest du dich über dieses Geschenk auch freuen?

„Meinst du das ernst?", fragt die Hexe.

„Wir haben sogar noch ein Zimmer frei", sagt Karlotta. „Ich muss nur meine Mama fragen."

Mama ist einverstanden, denn sie wollte immer schon eine echte Hexe kennenlernen. Aber am besten findet sie, dass es eine Hexe mit Sonnenscheingarantie ist.

Schon am nächsten Morgen sitzen Karlotta, Mama und die Hexe gemeinsam beim Frühstück auf der Terrasse. Die drei verstehen sich wirklich gut. Und im nächsten Jahr wollen sie wieder zusammen verreisen.

Entdeckst du noch jemanden, der beim Frühstück dabei ist?

Kräuterbutter für Kräuterhexen

Wenn du diese leckere Kräuterbutter machst, rollt dir dein Brötchen bestimmt nicht davon. Lass dir beim Schneiden der Kräuter von einem Erwachsenen helfen.

Du brauchst

3 Esslöffel Butter
1 große Prise Salz
1 Handvoll frische Kräuter,
zum Beispiel Salbei oder Petersilie
Messer und Brettchen

So wird's gemacht

Bevor du loslegst, nimm die Butter aus dem Kühlschrank, damit sie weich wird.
Wasche die Kräuter und zupfe sie vom Stängel.
Hacke sie mit einem Messer ganz klein.
Verrühre die Kräuter nun mit der weichen Butter. Füge das Salz hinzu. Guten Appetit!

Paul will einfach nur schlafen

Was ist denn das für ein Morgen? Paul wird gar nicht richtig wach.
Sein Hals tut ihm weh, sein Kopf schmerzt, und er fühlt sich müde
und schlapp. Er hat auch zu gar nichts Lust. Nicht einmal zum
Aufstehen. Und das ist sehr ungewöhnlich für Paul. Denn sonst
kann er es kaum erwarten, in die Kita zu kommen.

„Paul, was ist los mit dir?", fragt Mama und beugt sich über sein
Bett. „Willst du gar nicht mit uns frühstücken?"

Paul schüttelt den Kopf. „Ich will schlafen, und ich habe keinen
Hunger."

Da legt Mama sanft ihre Hand auf Pauls Stirn. „Das ist auch kein
Wunder", sagt sie. „Deine Stirn ist heiß. Du hast Fieber. Heute
bleibst du lieber im Bett."

Paul ist einverstanden. Aber er hat einen Wunsch. „Ich will meine
Kuscheltiere haben", sagt er.

„Natürlich", sagt Mama.

Auf was freust du dich morgens am meisten?

Pauls Kuscheltiere liegen allesamt auf dem Kindersofa in seinem Zimmer: Die Giraffe, der Igel, der Teddy und der kleine Fuchs. Mama nimmt sie und legt sie neben Pauls Kissen.
„Hier sind deine Freunde", sagt sie. „Sie passen bestimmt gut auf dich auf."

Was liegt noch auf dem Sofa?

Paul lächelt, und dann fallen ihm auch schon die Augen zu.

„Paul, wie geht es dir?", fragt die Giraffe und wackelt mit den Ohren. „Wollen wir was spielen?"

„Was denn spielen?", murmelt Paul. „Ich will lieber schlafen. Zwei Tage lang schlafen."

Der Fuchs fängt an zu kichern. „Zwei Tage schlafen? Aber das geht doch gar nicht."

„Wieso denn nicht?", fragt Paul.

„Weil doch die Nacht dazwischen liegt", sagt der Fuchs und lacht laut los. Die anderen Stofftiere lachen mit und hören gar nicht mehr auf.

„Sehr witzig", sagt Paul.

„Das war doch nur ein Spaß", sagt der Fuchs. „Wir wollen dich aufmuntern."

„Schon gut, Fuchs", sagt Paul und gähnt. „Aber eigentlich möchte ich einfach nur schlafen. Könnt ihr bitte leise sein?"

Das versprechen die Stofftiere, und einen Augenblick lang sind sie ganz ruhig. Bis der Igel sich räuspert. „Ähm, wir könnten dir ja ein Schlaflied vorsingen", schlägt er vor. „Dann schläfst du noch besser!"

„Meinetwegen", sagt Paul.

„Super Idee!", ruft die Giraffe und fängt mit lauter Stimme an zu singen: „Guten Abend, gute Nacht …"

„Moment mal", sagt der Teddy. „Wieso eigentlich ‚Guten Abend'? Das stimmt ja gar nicht. Es ist doch erst morgens."

„Ja, aber das Lied geht nun mal so", sagt die Giraffe.

„Es ist verkehrt", sagt der Teddy. „Da singe ich nicht mit."

Gähne auch einmal so richtig herzhaft.

„Wollt ihr euch jetzt streiten oder singen?", fragt Paul mit schwacher Stimme.

„Entschuldigung", sagt der Teddy. „Also, wir singen jetzt."

Und dann singen die Stofftiere das Lied. Aber nach der ersten Strophe hören sie ==schon wieder auf.==

„Ich weiß nicht, wie es weitergeht", sagt der Fuchs. „Kannst du uns das Lied vorsingen, Paul?"

„Ähem." Paul räuspert sich. Als er versucht zu singen, bringt er nur ein heiseres Krächzen hervor. „Tut mir leid, ich bin heiser. Ihr müsst warten, bis ich wieder gesund bin", sagt er.

Da werden die Stofftiere ==ganz traurig.== Der Igel fängt sogar an zu weinen. Er hatte sich so auf das Singen gefreut.

Paul hat eine Idee. Er ruft seine Mama.

„Kannst du uns bitte unser Gutenachtlied vorsingen?", fragt Paul sie. „Sonst sind meine Kuscheltiere traurig."

„Na, das wollen wir natürlich nicht", sagt Mama und singt los. Sie singt das Lied immer wieder. So lange, bis die Kuscheltiere ganz müde davon werden und einschlafen. Dann ist es still. Und auch Paul kann endlich schlafen.

Als er wieder aufwacht, geht es ihm schon viel besser.

Hast du eine Idee, warum die Tiere aufhören zu singen?

Mache auch ein trauriges Gesicht.

Galerie der Kuscheltiere

Giraffe, Elefant, Bär oder Hund? Hast du auch ein paar Kuscheltiere, die du besonders gerne magst?

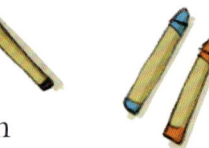

Du brauchst
ein paar Blätter Papier
Wachsmal- oder Buntstifte in verschiedenen Farben

So wird's gemacht
Male von jedem deiner Lieblingskuscheltiere ein schönes Bild in
bunten Farben. Wenn du die Bilder dann nebeneinander in dein
Zimmer, den Flur oder die Küche hängst, entsteht eine Galerie der
Kuscheltiere.
Eine Galerie ist übrigens ein Ort, an dem Kunstwerke ausgestellt
werden. Viele Menschen kommen jeden Tag vorbei und bewun-
dern die Bilder berühmter Künstler. Führe deine Eltern, Geschwis-
ter und Freunde doch auch einmal durch deine Galerie der
Kuscheltiere.

Nachts sind alle Füchse grau

Wie alle anderen Füchse auch, wurde Finn erst abends wach. Tagsüber schlief er im Fuchsbau unter der Erde, eng an seine Geschwister und Eltern gekuschelt. Finn schlief so lange, bis die Dämmerung kam. Dann öffnete er die Augen, reckte und streckte sich und verließ sein Versteck. Der Fuchsbau lag neben einer Waldwiese. Da spielte Finn abends mit Lola und Linus, seinen Geschwistern. Wenn ihre Eltern auf Futtersuche gingen, blieben die kleinen Füchse in der Nähe ihres Baues. Meistens jedenfalls. Wenn ihnen nicht gerade etwas Besseres einfiel.

„Ich möchte zu gern wissen, was hinter der Wiese ist", sagte Finn eines Abends zu Lola und Linus.

„Warum schauen wir nicht einfach nach?", fragte Lola, und ihre grünen Fuchsaugen blitzten abenteuerlustig.

„Und was ist, wenn wir uns verlaufen?", fragte Linus, der ein bisschen ängstlich war.

„Wir gehen nur bis zum Ende der Wiese", sagte Finn. „Von dort finden wir auf jeden Fall zurück."

Damit war Linus einverstanden, und so trabten die drei kleinen Füchse los.

Welche Tiere werden noch erst abends munter?

Es war dunkel geworden. Aber das störte sie nicht, denn sie hatten gute Augen und Ohren. Mit ihren Fuchsohren hörten sie selbst das leise Piepsen der schlafenden Vögel, die in ihren Nestern träumten. Und mit ihren Fuchsaugen erblickten sie sogar den Uhu, der grau und still auf einem Ast saß. Sie sahen auch die Rehe, die auf der Wiese grasten. Doch die liefen davon, sobald sie die Füchse bemerkten. Rehe sind nämlich sehr scheu.

Schließlich waren die drei Füchse angekommen. Am Ende der Wiese stand ein Haus, und in den Fenstern brannte Licht. Von den Häusern, in denen die Menschen wohnten, hatten die Füchse schon gehört. Aber so ein Licht hatten sie noch niemals zuvor gesehen.

„Warum ist es da so hell?", fragte Finn verwundert und kniff die Augen zusammen.

„Vielleicht ist ein Stern vom Himmel gefallen", sagte Linus.

„Und wie soll er in das Haus gekommen sein?", fragte Finn.

Linus überlegte. Doch bevor er eine Antwort fand, sagte Lola: „Ich sehe mir das mal genauer an. Kommt jemand mit?"

„Viel zu gefährlich", sagte Linus. „Ich warte hier."

„Sei kein Hasenfuß", sagte Finn. „Wir wollen uns doch nur mal umsehen. Dabei passiert uns schon nichts." Linus gab sich einen Ruck, und alle drei Füchse liefen zur Terrasse. Da standen sie und

Welcher Weg führt vom Wald zum Haus?

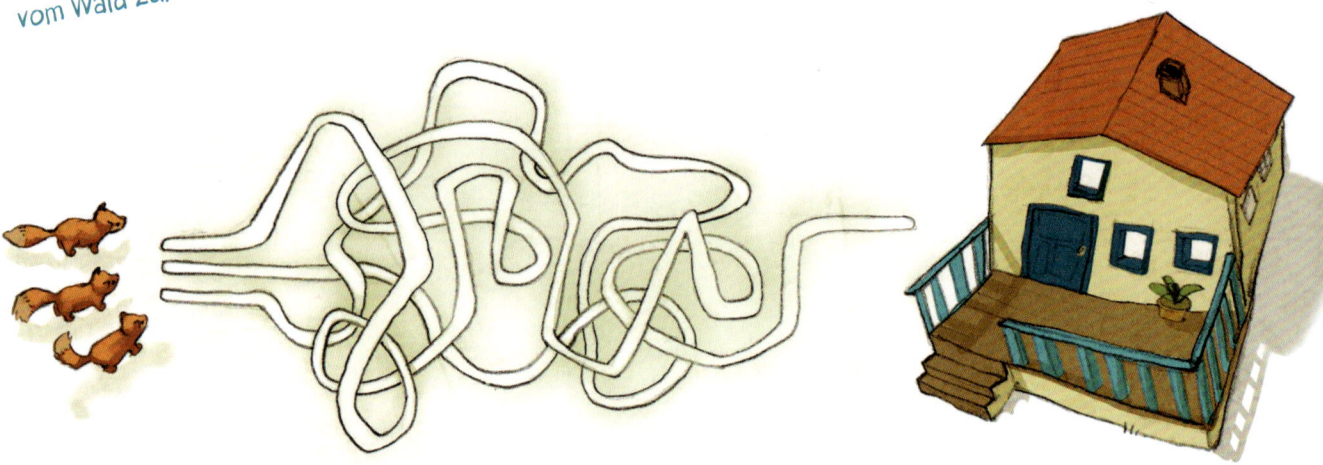

schauten durch das Fenster. Keine Menschenseele war zu sehen. Finn stupste mit der Schnauze gegen die Terrassentür, und siehe da, sie öffnete sich. Die Füchse schlichen sich in das Wohnzimmer. Sie beschnüffelten alle Möbel, kratzten mit den Pfoten an der Tapete, sprangen auf das Sofa und rekelten sich auf den Polstern.

„So weich und gemütlich soll es auch in unserem Fuchsbau sein", sagte Lola und vergrub ihre Schnauze zwischen den Kissen. Finn kaute probehalber ein Stuhlbein an. Er wollte nur mal wissen, wie es schmeckt. Linus tapste auf leisen Pfoten in den Flur.

Schleiche so leise es geht durch den Raum.

„Kommt mal schnell her!", rief er seinen Geschwistern zu. Er stand vor einer Tür und spitzte die Ohren. „Hört ihr das auch?" Seine Schnurrhaare zitterten vor Aufregung.

Lola und Finn setzten sich neben ihn. Sie lauschten. Hinter der Tür war ein Plätschern zu hören.

Was könnte das sein?

„Ich glaube, die haben einen Fluss in ihrem Bau", sagte Finn. Er war darüber so erstaunt, dass er völlig vergaß, Angst zu bekommen.

„Nein, das ist die Badewanne", sagte da plötzlich eine Stimme. Die Füchse drehten sich erschrocken um. Ein Mädchen stand hinter ihnen. „Hallo, Füchse", sagte sie. „Ich bin Sophie, und ich wohne hier."

Die Füchse starrten sie ratlos an.

„Wisst ihr vielleicht nicht, was eine Badewanne ist?", fragte sie.

Die Füchse nickten.

„Eine Badewanne ist ein großes Gefäß, in das man Wasser füllen kann", erklärte Sophie. „Genug Wasser, um darin zu baden und sich zu waschen."

Kannst du Finn diese Frage beantworten?

Kennst du auch ein Lied? Singe es.

„Verstehe", sagte Lola. „Dann ist es so eine Art See."

„Ja, nur viel kleiner", sagte Sophie. „Und das Wasser ist warm, und man kann es einlassen und wieder ablaufen lassen."

„Gibt es da auch ~~Frösche und Fische~~?", fragte Finn.

Sophie musste lachen. „Nein, die gibt es nicht", sagte sie. „Nur ganz viel Schaum."

In diesem Moment erklang Gesang aus dem Badezimmer. „Du bist so hell wie die Sonne, so bunt wie die Blumen und so frei wie ein Vogel", trällerte jemand hinter der Tür.

„Was ist denn das nun wieder?", fragte Linus.

„Mein Papa", erklärte Sophie. „Der singt immer, wenn er badet."

„Der singt aber von komischen Sachen", sagte Lola. „Von der Sonne und von bunten Blumen."

„Dabei gibt es die Sonne gar nicht", sagte Finn. „Nur den Mond und die Sterne. Und Blumen sind doch nicht bunt, sondern grau oder schwarz."

Linus nickte. „Weil es abends ja dunkel ist."

Sophie verschränkte die Arme und schaute die Füchse nachdenklich an. „Ich glaube, ich muss euch was zeigen", sagte sie.

„Was denn?", fragte Lola.

„Den Tag", sagte Sophie. „Und die Sonne und die Farben."

„Jetzt gleich?", fragte Finn. „Oder ist es zu weit?"

Wieder lachte Sophie. Diese kleinen Füchse wussten auch gar nichts. „Nein, es ist höchstens zu spät. Wenn ihr wollt, zeige ich euch alles gleich morgen früh."

„Das wäre toll", sagte Linus. „Aber nur, wenn es nicht gefährlich ist."

Und das war es ganz und gar nicht. Das versprach Sophie den drei kleinen Füchsen.

Sie verabredeten sich für den nächsten Tag, vormittags um zehn. Bevor die Füchse zu ihrem Fuchsbau gingen, zeigte Sophie ihnen noch die Lampen. Wenn man auf einen kleinen Knopf drückte, wurde es hell. Und wenn man noch einmal drückte, wurde es wieder dunkel. Die drei kleinen Füchse probierten es aus. Es war nicht einfach. Aber schließlich schafften sie es mit ihren Pfoten, das Licht an- und auszumachen. Darauf waren sie sehr stolz.

„So eine Lampe möchte ich auch in unserem Fuchsbau haben", sagte Lola. Doch Finn winkte ab. „Wie soll man denn da schlafen? Nein, ich will es lieber dunkel und gemütlich haben."

Dann verabschiedeten sich die drei kleinen Füchse und liefen zurück. Vor ihrem Fuchsbau warteten schon ihre Eltern mit dem Abendessen auf sie. Sie wunderten sich über ihre kleinen Füchse. Denn in dieser Nacht gingen sie freiwillig schlafen. Die Fuchseltern wussten ja nicht, dass ihre Kinder schon bald wieder aufstehen wollten. Und weil sie sehr fest schliefen, hörten sie auch nicht, wie jemand die kleinen Füchse weckte.

Wie schläfst du am liebsten? Mit Licht oder bei Dunkelheit?

„Aufstehen", flüsterte Sophie in den Fuchsbau. „Es ist Tag. Los, macht die Augen auf!"

Lola, Finn und Linus blinzelten verschlafen. Jetzt aufstehen? Es war doch noch mitten in der Nacht!

„Auf geht's!", rief Sophie.

Finn gähnte. Dann stupste er seine Geschwister an. „Kommt schon. Sonst weckt sie noch unsere Eltern."

Lola, Linus und Finn rappelten sich auf und kamen nacheinander aus ihrem Bau. Sie mussten die Augen zukneifen, denn es war hell. Taghell! Die drei Füchse blinzelten verwirrt in die Sonne. Die Sonne? Es gab sie also doch. Alles sah so anders aus. Das Gras war grün, und die Blumen waren bunt.

„Da staunt ihr, was?", sagte Sophie und streichelte den Füchsen über das Fell.

Sie setzte sich auf einen Stein, und Finn, Linus und Lola legten sich neben sie. Es gab so viel zu sehen und zu hören. In den Bäumen zwitscherten die Vögel, und ein zitronengelber Schmetterling flatterte direkt vor ihren Augen.

„Es sieht alles so schön aus", sagte Lola staunend. Finn stand auf

Kneife auch einmal die Augen ganz fest zu.

und schnupperte an den Wiesenblumen. Ihre Blüten hatten sich geöffnet und dufteten zart. Und dann wollten die drei kleinen Füchse wissen, wie die vielen Farben hießen.

„Gelb, Orange, Grün", begann Sophie die Farben aufzuzählen.

„Moment mal", sagte Finn. Denn jetzt hatte er endlich bemerkt, dass auch er und seine Geschwister ganz anders im Tageslicht aussahen. „Wir sind ja gar nicht grau!"

„Nein", sagte Sophie und lächelte. „Ihr habt eine besonders schöne Farbe: Fuchsrot."

Lola, Finn und Linus waren begeistert, ihr Fuchsrot war so kräftig und leuchtete in der Sonne.

„Hab ich's nicht gesagt?", sagte Sophie. „Nur nachts sind alle Füchse grau, aber am hellen Tag ist alles bunt."

Zeige auf etwas Gelbes, etwas Oranges und etwas Grünes.

Buntes Nachtbild

Auf diesem Nachtbild entdeckst du bunte Farben unter der Dunkelheit. Probiere es aus.

Du brauchst

Wachsmalkreiden in verschiedenen Farben
Wachsmalkreide in Schwarz
dickes Papier
eine dicke Nadel oder den Kratzer aus
dem Wachsmalkasten

So wird's gemacht

Male das Papier mit den Wachsmalkreiden bunt an. Am besten geht es, wenn du viele kleinere bunte Felder auf das Papier malst. Ist das ganze Papier bemalt? Dann nimm die schwarze Wachsmalkreide und übermale alles, bis nichts Buntes mehr zu sehen ist.

Mit der Nadel oder dem Kratzer kratzt du nun Tiere, Wolken, Menschen, Blumen oder was auch immer in das Bild hinein. Dadurch kommen

54

die bunten Farben an den Stellen wieder zum Vorschein, wo du
die schwarze Farbe weggekratzt hast. Schau nur, wie schön bunt
das Bild wieder wird!

Der Flaschengeist auf dem Fußballplatz

Der Fußballplatz lag verlassen am Ende des Parks. Die Bäume rundherum sahen wie schwarze Scherenschnitte aus, und der Wind verwirbelte das Laub. Es wurde Winter. Alle Kinder waren längst nach Hause gegangen. Alle, bis auf Lasse. Denn der wartete auf seinen Papa. Gleich nach der Arbeit wollte der in den Park kommen, noch ein bisschen mit Lasse Fußball spielen und dann gemeinsam mit ihm nach Hause gehen. Das hatte er heute Morgen versprochen. Und deshalb blieb Lasse hier. Auch wenn er jetzt ganz alleine war.

Zum hundertsten Mal schaute Lasse auf seine Armbanduhr. Wo blieb Papa nur? Lasse setzte sich in Bewegung, den Ball kickte er vor sich her. Am Ende des Spielfeldes holte er mit dem Fuß aus und schoss. „Tooor!", rief Lasse. Er schaute sich um. Hatte sein Papa den tollen Treffer vielleicht gesehen? Wohl kaum. Der Weg,

der zum Fußballplatz führte, war leer. Lasse seufzte und holte den Ball aus dem Tor. Als er sich bückte, entdeckte er die Flasche. Sie lag neben dem Torpfosten. Etwas war merkwürdig an ihr. Lasse brauchte einen Augenblick, um zu begreifen, was es war. Die Flasche bewegte sich. Nein, es war nicht die Flasche, die sich bewegte, sondern das, was darin war. Lasse hob die Flasche vorsichtig auf. Und dann traute er seinen Augen kaum: Ein Geist, etwas größer als sein Daumen, war in der Flasche gefangen. Er hämmerte wütend mit den Fäusten gegen die Flaschenwand. Und dann, als er Lasse sah, zeigte er auf den Korken, der den Flaschenhals verstopfte. Lasse zögerte keine Sekunde, er zog ihn einfach heraus. Da schlüpfte der Geist aus seinem Gefängnis und wurde groß wie ein Baum. Lasse kam sich auf einmal sehr klein vor. „Wer bist du?", fragte er und blickte nach oben.

Was würdest du tun?

Der Geist schrumpfte zusammen. „Ich bin ein Flaschengeist", sagte er und machte eine kleine Verbeugung. „Und ab jetzt bin ich immer für dich da. Wie ist dein Name, mein Herr und Gebieter?"

„Ich heiße Lasse", sagte Lasse. „Aber was meinst du damit, dass du für mich da bist?"

„Das meine ich, wie ich es gesagt habe. So ist das nämlich bei uns Flaschengeistern", antwortete der Flaschengeist. „Wir bleiben immer bei demjenigen, der uns befreit hat, und wir erfüllen ihm jeden Wunsch."

„Das ist echt verrückt", sagte Lasse und schüttelte ungläubig den Kopf. „Und was machst du, wenn ich jetzt eine Portion Pommes essen möchte?"

Der Flaschengeist lächelte, dann schnipste er mit den Fingern. Da

Was würdest du dir wünschen?

Wie viele Pommes sind es? Zähle.

Kannst du auch mit den Fingern schnipsen?

schwebten lauter Pommesstäbchen um Lasses Kopf herum. Einige waren sogar in Ketchup oder Mayo getunkt. Lasse brauchte nur noch mit dem Mund danach zu schnappen.

„Ist ja toll", sagte Lasse und wischte sich mit dem Ärmel den Mund ab. „Jetzt habe ich gar keinen Hunger mehr. Kannst du noch mehr Wünsche erfüllen?"

Der Flaschengeist nickte. „Alles, was du willst."

„Es ist so", sagte Lasse. „Ich warte hier schon die ganze Zeit auf meinen Papa. Kannst du nicht machen, dass die Zeit schneller vergeht?"

„Das kann ich", sagte der Flaschengeist. „Aber ich weiß nicht, ob es ein guter Wunsch ist."

„Ach, ich finde, wir probieren es einfach aus", sagte Lasse. „Worauf wartest du?"

Der Geist seufzte, doch dann schnipste er wieder mit den Fingern. Und von da an ging alles sehr schnell. Viel zu schnell. Lasse sah, wie sein Papa auf den Fußballplatz stürmte. Aber während er noch auf ihn zulief, merkte Lasse, dass er selbst sich veränderte. Es zog in seinen Beinen und Armen. Lasse schoss in die Höhe. Jetzt war er

schon so groß wie sein Papa. Im nächsten Moment war er sogar einen halben Kopf größer. Und dann war er ein erwachsener Mann. Er bekam einen Bart, ein Bäuchlein, und seine Haare wurden grau.

„Halt", rief Lasse. „Stoooopp!"

„Stimmt etwas nicht?", fragte der Geist.

„Sofort aufhören!", rief Lasse, der nun wieder kleiner wurde, etwas gebeugt war und am Stock ging. Da schnipste der Geist wieder mit den Fingern. Und Lasse stellte erleichtert fest, dass er wieder ein Junge war.

„Es ist alles wie vorher", sagte der Flaschengeist. „Und es ging so schnell, dass dein Vater nichts gesehen hat."

„Gut", sagte Lasse, und dann streckte er die Arme aus und rief: „Papa, da bist du ja endlich!"

„Es tut mir so leid", sagte Papa und drückte Lasse fest an sich. „Ich bekam einen wichtigen Anruf und konnte nicht früher weg."

Hilf Lasse und rufe: „Stoooopp!".

„Macht nichts", sagte Lasse. „Ich bin zum Glück nicht allein."
Und dann stellte er seinem Papa den Flaschengeist vor und erzählte ihm, wie er ihn befreit hatte.

„Unglaublich", sagte Papa. „Und der Flaschengeist erfüllt dir wirklich jeden Wunsch?"

Lasse nickte. „Das hat er gesagt. Etwas wünsche ich mir aber auch von dir."

„Was denn?", fragte Papa.

„Dass wir noch ein bisschen zusammen Fußball spielen", sagte Lasse. Papa lachte. Und dann spielten sie zu dritt auf dem Spielfeld, bis sich die Sterne zeigten. „Und jetzt wünsche ich mir, dass wir ganz schnell nach Hause fahren", sagte Lasse, als er müde und kaputt war. Da zauberte der Flaschengeist einen fliegenden Teppich. Und auf den setzten sich Papa und Lasse, und dann flogen sie gemeinsam durch die Nacht.

Was macht der
Flaschengeist?

Geistermalerei

Einen Flaschengeist, der dir alle Wünsche erfüllt, kannst du dir leider nicht basteln. Aber wie wäre es mit ein bisschen Geistermalerei?

Du brauchst
2–12 Spieler
eine Taschenlampe
absolute Dunkelheit

So wird's gemacht
Stelle dich mit der leuchtenden Taschenlampe so vor deine Mitspieler, dass sie deinen Rücken sehen. Als Nächstes male mit dem Licht der Taschenlampe einfache Bilder in die Luft. Zum Beispiel ein Haus oder eine Blume, ein Herz oder eine Zahl. Die Mitspieler müssen erraten, was du gemalt hast.

Hat jemand dein Lichtbild erkannt, ist er an der Reihe, und du darfst raten. Als Beobachter musst du gut aufpassen, denn das Bild ist so schnell wieder verschwunden wie ein vorbeifliegender Geist.

Alina Sternenkind

Kletterst du auch
gern auf Bäume?

Es gibt kein Mädchen auf der Welt, das so schwindelfrei ist wie Alina. Schon bevor sie richtig laufen konnte, kletterte sie auf Bäume. Und nie hatte sie Angst, herunterzufallen. Wie gut, dass Alina ein Zirkuskind ist. Ihr Vater ist Zirkusdirektor und ihre Mutter Seiltänzerin. Alina schaut ihrer Mama immer bei den Proben zu. Als Seiltänzerin balanciert sie über ein dünnes Drahtseil hoch über der Manege.

„Das will ich auch machen", sagt Alina zu ihrer Mama.

„Aber das ist doch viel zu gefährlich für dich", sagt Mama.

„Ich will es trotzdem", sagt Alina.

„Also gut, mein Kind", sagt Mama und legt ein Seil auf den Boden. „Kannst du da rübergehen, ohne neben das Seil zu treten?"

Alina geht los. Sicher balanciert sie über das Seil und berührt nicht ein einziges Mal den Boden. Es sieht aus, als würde sie schweben.

„Das ist babyeierleicht", sagt Alina. „Das Seil muss höher sein."

Mama spannt das Seil so ein, dass es kurz über dem Boden schwebt. Alina geht los. Als sie den ersten Fuß auf das Seil setzt, breitet sie die Arme aus. Dann geht sie Schritt für Schritt – und schon ist sie am anderen Ende.

Breite die Arme aus wie eine Seiltänzerin.

„Das macht Spaß!", ruft sie ihren Eltern zu. Sie dreht sich um und läuft auf dem Seil zurück. Diesmal macht sie in der Mitte einen tiefen Knicks.

„Bravo", ruft Mama. „Gut gemacht, Alina."

Kurze Zeit später darf Alina bei der Zirkusvorstellung mitmachen. Wenn sie das Seil betritt, halten die Zuschauer den Atem an. Trommelwirbel erklingt. Aber Alina lässt sich nicht aus der Ruhe bringen. Sie spaziert über das Seil, als überquere sie eine Straße. Bald ist sie schon ein bisschen berühmt. Doch Alina will mehr.

Abends, nach ihrem Auftritt, geht sie in den Zirkuswagen, in dem sie mit ihren Eltern wohnt. Vor dem Einschlafen schaut sie zum Fenster hinaus. Sie blickt nach oben zu den Sternen. „Dort möchte ich balancieren", sagt sie leise. „Von Stern zu Stern."

Eines Nachts sind besonders viele Sterne am Himmel. Und obwohl Alina sehr müde ist und schon im Bett liegt, steht sie auf und schleicht sich hinaus. Sie klettert auf den höchsten Baum. Vorbei an Vogelnestern und Eichhörnchenkobeln, bis sie im Baumwipfel angekommen ist. Hui, wie weit weg sie hier von der Erde ist. Und wie dicht an den Sternen. Alina hat ihr Seil um die Schulter gehängt. Sie braucht es nur noch auszuwerfen, um zu dem hellsten Stern zu gelangen.

„Und eins, und zwei, und drei", zählt Alina. Sie holt weit mit dem Arm aus, um das Seil zu werfen. Doch da rüttelt sie jemand. „Aufwachen, Alina", sagt Mama. „Das Frühstück ist fertig."

Zähle gemeinsam mit Alina: Und eins, und zwei, und drei.

64

Alina schlägt die Augen auf. „War das etwa nur ein schöner Traum?", fragt sie.

„Was hast du denn geträumt?", fragt Papa.

„Dass ich zwischen den Sternen balancieren kann", sagt Alina. „Das war schön."

„So, so", sagt ihr Vater und lächelt. „Dann warte mal ab. Wir haben eine Überraschung für dich."

An diesem Abend im Zirkus klettert Alina wie immer auf ihr Seil. Trommelwirbel erklingt, und die Zuschauer halten den Atem an. Plötzlich wird es dunkel im Zirkuszelt. Einen winzigen Moment kämpft Alina um ihr Gleichgewicht. Aber dann gehen lauter klei-

Erzähle Alinas Papa, was sie geträumt hat.

ne Sterne an. Sie sind am Zirkuszelt befestigt und blinken so schön und so hell wie am richtigen Nachthimmel. Alina schaut sich um, und ihr Herz schlägt schnell. Als sie auf ihrem Seil zwischen den Sternen läuft, ist es fast noch schöner als im Traum.

„Applaus für Alina Sternenkind", sagt der Zirkusdirektor, als Alina sich vor dem Publikum verbeugt. Alina ist so glücklich. Jetzt kann sie endlich zwischen den Sternen balancieren, heute und in jeder Nacht.

Seiltanz-Training

Auch du kannst auf dem Seil tanzen. Probiere es aus.

Du brauchst
ein dickes Springseil

So wird's gemacht
Lege das Seil auf den Boden. Es kann ganz gerade liegen oder eine Schlangenform haben. Ziehe dir deine Schuhe aus, strecke deine Arme aus und balanciere über das Seil.

Etwas schwieriger wird es, wenn du deine Augen schließt. Ertaste vor jedem Schritt das Seil mit den Füßen. So kannst auch du zwischen den Sternen balancieren.

Jan mag seine Kuscheldecke

Zum Einschlafen braucht Jan seine Wolldecke. Sie ist mollig warm und hat einen ganz besonderen Geruch. Jan findet, sie riecht nach Schaf. Und Oma hat gesagt, dass das stimmt, weil sie die Decke aus Schafswolle gestrickt hat. Da war Jan noch ganz klein und lag im Kinderwagen.

Heute braucht Jan die Decke nicht mehr zum Zudecken, dafür aber zum Einschlafen. Und deshalb nimmt er sie überall mit hin. Sogar in die Ferien.

In diesem Sommer fährt Jan mit seinen Eltern auf einen Bauernhof in die Berge. Auf der Bahnfahrt sitzt Jan am Fenster. Omas Decke liegt auf seiner Schulter, und er schaut hinaus. Felder, Bäume und Wiesen ziehen an ihm vorbei. Jan schläft ein bisschen, und als er aufwacht, müssen er und seine Eltern ganz schnell aussteigen. Sie sind da.

Was brauchst du zum Einschlafen?

Welches dieser Tiere magst du am liebsten?

Entdeckst du das kleine schwarze Schaf?

„Willkommen!", ruft Frau Grünhut, die Bäuerin, die Jan und seine Eltern vom Bahnhof abholt. „Du magst doch Tiere?", fragt sie Jan, während sie in das Auto steigen. „Wir haben Hühner, Schafe, Kühe und Pferde, einen Hund und mehrere Katzen."

Ob Jan Tiere mag? Was für eine Frage. Er liebt Tiere!

Gleich nachdem Frau Grünhut ihr Auto geparkt hat, zeigt sie Jan den Bauernhof. Mama und Papa bringen schon mal das Gepäck in das kleine Ferienhaus, das hinter der Kuhwiese liegt. Die Kühe aber stehen heute im Stall, und da gehen Jan und Frau Grünhut gerade hinein. Ruhig und gemütlich ist es hier, findet Jan. Gespannt hört er zu, wie die Kühe leise das Heu malmen. Und es riecht so gut. Dies wird bestimmt sein neuer Lieblingsort.

Abends sitzen Mama, Papa und Jan vor ihrem kleinen Haus und schauen auf die Wiese. Wie friedlich alles ist. Ein paar Schafe grasen, ein paar Mücken tanzen, und hinter dem nächsten Hügel geht die rosafarbene Sonne unter. Jan gähnt.

„Das war ein langer Tag", sagt Mama. „Es ist Zeit, schlafen zu gehen."

Jan nickt und schaut sich suchend um. „Wo ist denn eigentlich meine Decke?"

„In deinem Zimmer vielleicht?", fragt Mama. „Obwohl, da habe ich sie gar nicht gesehen." Jan steht auf und schaut nach. Aber die Decke ist tatsächlich nicht da. Und sie ist auch nirgends sonst. Auch nicht in seinem Rucksack.

„Im Zug hattest du sie noch, das weiß ich genau", sagt Papa. „Hast du sie vielleicht dort vergessen?"

Jan kann sich gar nicht erinnern. „Ich weiß es nicht", sagt er unglücklich. „Vielleicht schon."

„Wir rufen morgen im Fundbüro der Bahn an", sagt Mama. „Wenn du sie dort vergessen hast, hat sie bestimmt jemand gefunden und dort abgegeben."

„Ich kann nicht einschlafen ohne meine Decke", sagt Jan traurig. „Die riecht so gut nach Schaf."

„Dann brauchen wir etwas anderes, was so gut riecht", sagt Papa und schaut auf die Wiese, wo die Schafherde grast. Mama und Jan folgen seinem Blick.

„Denkt ihr das, was ich denke?", fragt Papa.

„Etwa, dass wir ein Schaf von der Weide holen und Jan es mit ins Bett nehmen darf?", fragt Mama.

Papa lacht. „Nein, das eigentlich nicht. Ich dachte nur, dass ein Schaf bestimmt sehr nach Schaf riecht, vielleicht sogar noch mehr als deine Decke."

„Das würde ich echt gern mal ausprobieren", sagt Jan. „Ich habe noch nie an einem richtigen Schaf gerochen."

„Aber danach geht es ab ins Bett. Versprochen?", fragt Papa.

„Großes Indianerehrenwort", sagt Jan und hebt die Hand.

„Also gut", sagt Papa. „Dann mal los."

Papa, Mama und Jan stehen von ihren Stühlen auf und gehen zur Wiese. Am Zaun bleiben sie stehen und rufen die Schafe. Doch die heben nicht einmal den Kopf.

„Das klappt nicht. Schafe sind eben keine Ponys", sagt Jan.

„Dann gehen wir eben zu ihnen", sagt Mama. Vorsichtig hebt sie den Stacheldrahtzaun an, sodass Papa und Jan hindurchkrabbeln

Gibt es ein Tier, das du gut riechen kannst? Welches?

Wie blöken
Schafe? Mach
es einmal vor.

können. Danach hilft Papa Mama mit dem Zaun. Und schon sind sie alle drei auf der Schafweide. Allerdings ist es gar nicht so einfach, sich den Schafen zu nähern. Immer wenn sie ihnen zu nahe kommen, laufen die Schafe blökend davon.

Papa und Mama sind schon ganz aus der Puste.

„Vielleicht können wir sie einkreisen", schlägt Mama vor. „Jeder von uns muss aus einer anderen Richtung kommen."

Also gut. Mama, Papa und Jan gehen in sehr großem Bogen auf die Schafe zu. Jeder von einer anderen Seite. „Wir sind wie Indianer", sagt Jan und lacht. „Wir umzingeln sie."

Langsam kommen sie den Schafen näher und näher. Und diese drängen sich immer dichter aneinander. Doch da, gerade als Jan nur noch den Arm ausstrecken muss, um eins zu greifen, laufen die Schafe zwischen den dreien durch, auf und davon. Mama stolpert und tritt mitten in einen Haufen Schafköttel hinein. „Verflixt", schimpft sie und wischt den Schuh am Gras ab.

70

„Das bringt Glück", ruft jemand und lacht. Es ist Frau Grünhut, die am Zaun steht und ihnen zuwinkt. „Wollen Sie auf Schafjagd gehen?", fragt sie.

„Nein, äh, eigentlich wollten wir nur mal eins streicheln", sagt Papa.

„Tut uns leid", sagt Mama, der das ganz schön peinlich ist. „Wir wollten Ihre Schafe nicht stören."

„Ach, das macht doch nichts", sagt Frau Grünhut. Dann steckt sie zwei Finger in den Mund und pfeift. „Ich habe meinen Schafen beigebracht, zu mir zu kommen", erklärt sie mit einem feinen Lächeln. Und tatsächlich: Da kommen die Schafe angetrabt. „So, jetzt könnt ihr gern mal in die Wolle greifen", sagt Frau Grünhut und lacht schon wieder. Jan und seine Eltern laufen zum Zaun, und dann gräbt Jan seine Finger in das weiche Fell. Es fühlt sich ziemlich fettig an. Er schnuppert daran. Oh ja! – Das riecht nach Schaf. Und wie! „Aber meine Decke riecht besser", sagt Jan. „Vielleicht, weil sie auch noch ein bisschen nach Oma riecht." Und da wird Jan für einen Moment sehr traurig.

Wonach riecht deine Decke? Schnupper mal.

Wer begleitet Frau Grünhut?

„Meinst du vielleicht diese Decke?", fragt Frau Grünhut und zieht Jans Decke aus ihrer Tasche hervor. „Die habe ich im Auto gefunden. Ich glaube, du hast sie auf der Rückbank liegen lassen."
Jan nimmt die Decke und drückt sie ganz doll an sich. Ja, sie riecht nach Schaf. Aber nicht so wie die Schafe auf der Wiese. Sondern anders, eben nach Jans Kuschel-Einschlaf-Schaf.

Riech-Memo-Spiel

Dieses besondere Memo-Spiel kannst du prima mit mehreren spielen. Wer findet ein Paar, das gleich riecht?

Du brauchst

2–6 Spieler
mehrere Fotofilmdosen oder leere Joghurtbecher
etwas Watte
Geruchsproben wie Zwiebelstücke, Kaffee-
pulver, Zimt, Zitronenschale, Kräuter oder Holz
Messer und Küchenbrett

So wird's gemacht

Fülle jeweils zwei Filmdosen oder Joghurtbecher mit derselben Menge einer Geruchsprobe (zum Beispiel mit Zwiebelstücken). Für den Anfang reichen drei oder vier verschiedene Gerüche. Später können noch mehr dazukommen.

Decke die Geruchsprobe mit Watte ab, sodass man sie nicht mehr sieht.

Wenn alle Dosen gefüllt sind, kann es losgehen: Schnupper an den Riech-Dosen. Erkennst du einen Duft? Wenn ja, such unter den anderen Dosen den gleichen Duft noch einmal. Um herauszufinden, ob du richtiggelegen hast, heb die Watte an und sieh nach. Viel Spaß!

10 Tipps zum Vorlesen

1 **Es sich gemütlich machen.** Schaffen Sie für sich und Ihren kleinen Zuhörer eine entspannte Situation. Bauen Sie zum Beispiel eine eigene Kuschelecke mit Decken, Kuscheltieren und ganz vielen Kissen.

2 **Vorlesen als Ritual.** Rituale vermitteln Kindern Sicherheit, Struktur und Geborgenheit. Machen Sie das Vorlesen zu einem Wohlfühlritual – die Tageszeit ist dabei ganz egal. Wichtig ist aber, dass das Ritual ernst genommen und eingehalten wird.

3 **Noch eine Geschichte!** Lassen Sie ruhig mal Ihr Kind eine Geschichte aussuchen. Die kleinen Bilder im Inhaltsverzeichnis helfen ihm dabei.

4 **Noch mal!** Auch wenn Abwechslung wichtig ist: Kinder lieben Wiederholungen. Sie hören ihre Lieblingsgeschichte gerne ein drittes, viertes oder fünftes Mal.

5 **Haben Sie Spaß beim Vorlesen.** Und Mut zur Schauspielerei. Lassen Sie den grimmigen Riesen mit tiefer Stimme grollen und schimpfen. Das Mäuschen kann hoch und ängstlich sprechen und die Schlange sanft und schmeichelnd. Ein paar Patzer sind da überhaupt nicht schlimm.

6 **Vorlesen heißt, sich Zeit zu nehmen.** Lesen Sie den Text in Ruhe vor und machen Sie Pausen. Dann kann Ihr Kind nachfragen, wenn es etwas nicht versteht. Die roten Fragen am Rand bieten Gesprächsanlässe und regen Ihr Kind an, eigene Gedanken zu äußern.

74

7 **Mehr als Zuhören.** Beziehen Sie Ihr Kind immer wieder spielerisch in die Geschichte ein. Vielleicht kann es der Hexe bei ihrem Zauberspruch helfen oder den Ritter bei seinem Wettrennen anfeuern. Die grünen Ideen am Rand zeigen Ihnen, an welchen Stellen der Geschichte Ihr Kind mitmachen kann.

8 **Kein Vorlesen ohne Bilder.** Schauen Sie sich beim Vorlesen gemeinsam mit Ihrem Kind die vielen tollen Bilder an. Oft gibt es noch etwas Spannendes zu entdecken. Die blauen Fragen verraten Ihnen, wo.

9 **Im Gespräch bleiben.** Mit dem Zuklappen des Buchdeckels muss das Vorlesen nicht vorbei sein. Sprechen Sie mit Ihrem Kind über das Gelesene. Wie fühlen sich wohl die Figuren aus dem Buch? Hat Ihr Kind schon einmal eine ähnliche Situation erlebt?

10 **Eine Geschichte kann noch mehr!** Denken Sie sich zusammen mit Ihrem Kind doch mal ein ganz anderes Ende für die Geschichte aus, oder lassen Sie es ein Bild von der hübschen Prinzessin malen. Zu jeder Geschichte finden Sie dazu eine passende Aktionsidee zum Basteln, Malen, Kochen oder Spielen.

Maren von Klitzing wurde in Hamburg geboren. Sie arbeitete als Redakteurin für ein Kinder-Umweltmagazin und schreibt seit 2001 Bücher für Kinder und Jugendliche. Mit ihrer Familie lebt sie in Hamburg.

Joëlle Tourlonias, geboren 1985 in Hanau, hat Visuelle Kommunikation mit Schwerpunkt Illustration und Malerei an der Bauhaus-Universität Weimar studiert. 2009 machte sie sich selbstständig und zeichnet, malt, lebt und liebt seitdem in Düsseldorf.

Spring hinein in die Geschichte!

Sandra Grimm
*Fantastische Vorlesegeschichten –
Hexen, Drachen, Zauberer*
Einband und farbige Illustrationen
von Stephan Pricken
Ab 4 Jahren · 80 Seiten · ISBN 978-3-7707-2647-9

Wo würdest du einen Schatz verstecken? Entdeckst du Robertas Zauberstab? Sing ganz leise mit, das hilft dem armen Monster! Diese und viele weitere Mitmach-Ideen finden sich in diesem Buch. Da geht es um kleine Drachen, schusselige Hexen und vieles mehr. Der Vorleser kann individuell auswählen, welche Mitmach-Idee er für das Kind geeignet hält. Aber natürlich macht jede der Geschichten auch ohne dieses Plus Spaß.

Weitere Informationen unter **www.ellermann.de**

Vorlesen. Mitmachen. Spaß haben!

In diesen wunderbaren Vorlesebüchern über starke Prinzessinnen, freche Feen, schöne Meerjungfrauen, wilde Piraten, mutige Ritter und gefährliche Räuberbanden findet jedes Kind seine Lieblingsgeschichte. Lustige Fragen, viele Bilder und kleine Spielanregungen laden zum Erzählen, Entdecken und Mitmachen ein.

Maren von Klitzing
Zauberhafte Vorlesegeschichten –
Prinzessinnen, Feen, Meerjungfrauen
Einband und farbige Illustrationen von Daniela Kunkel
Ab 4 Jahren · 80 Seiten · ISBN 978-3-7707-2921-0

Ann-Katrin Heger
Wilde Vorlesegeschichten –
Piraten, Ritter, Räuberbanden
Einband und farbige Illustrationen von Anna Marshall
Ab 4 Jahren · 80 Seiten · ISBN 978-3-7707-2732-2

Weitere Informationen unter **www.ellermann.de**